그런 날,
그대를 만났습니다

변세영 시집

그런 날, 그대를 만났습니다

초판 1쇄 발행 2017년 6월 5일

지은이 변세영
펴낸이 장길수
펴낸곳 지식과감성#
출판등록 제2012-000081호

디자인 이다래, 변세영
편집 평소라, 최예슬
교정 문정아
마케팅 고은빛, 윤석영

주소 서울시 금천구 가산동 60-5 갑을그레이트밸리 B동 507호
전화 070-4651-3730~4
팩스 070-4325-7006
이메일 ksbookup@naver.com
홈페이지 www.knsbookup.com

ISBN 979-11-5961-677-8(03810)
값 13,000원

이 도서의 국립중앙도서관 출판예정도서목록(CIP)은 서지정보유통지원시스템 홈페이지(http://seoji.nl.go.kr)와 국가자료공동목록시스템(http://www.nl.go.kr/kolisnet)에서 이용하실 수 있습니다. (CIP제어번호 : CIP2017012873)

홈페이지 바로가기

모두 다 좋았던
그런 날,
그대를 만났습니다

차례

한 날

두 날

세 날

한 날

시

시를 짓던 아이는
이제 밥을 지으며 아이를 짓습니다
아이는 모락모락 커가며
시를 짓는 아이가 되기를 바랍니다

시를 짓던 아이는
다시 밥을 지으며 아이를 짓습니다
아이는 보슬보슬 익어가며
시를 짓는 아이가 됩니다

시를 짓는 아이가
시를 지으며
마음을 짓습니다

밥을 지어주던 아이는
시를 짓는 아이에게
이제 미소를 지어주며
시를 짓는 아이가 됩니다

그런 날

가슴 속 요동치는
뜨거운 사랑에 데여
혼자 살아 보이겠다며
굳게 마음을 닫고

불어오는 향긋한 봄바람과
달려가는 즐거운 아이들과
뛰어노는 천진한 동물들이
보아도 보이지 않았던 날

그런 날
그대를 만났습니다

다이아몬드로 정성들여 보기 좋게 만든
꼴좋은 방패막 뒤에 몸을 숨기고
혼자 살아가는 것이 익숙해졌다며
굳게 두 눈을 닫고

느껴지는 그대의 가슴과
불어오는 그대의 숨결과
다가오는 그대의 웃음을
외면해도 외면하지 못했던 날

그런 날,
그대를 만났습니다

문과의 자신감

저는 숫자에게 형이상학적 의미와 복선을 묻는 문과랍니다 처음 만난 당신에게서 옷매무새의 의미와 복선을 찾아내지요 흘러나오는 음악소리 지나가는 발소리 속에서 처음 만난 당신의 목소리와 보이는 눈 소리를 들으면 저는 알 수 있답니다 당신이 어떤 사람인지 무엇을 하는 사람인지

처음 만난 당신은 그동안 저의 나이만 알았지요 그것도 제가 말해준 이렇게나 찌질한 점쟁이질은 문과의 자부심이자 자신감이랍니다 스쳐 지나가는 바람결과 마주치는 눈결 속에서 처음 만난 당신의 말로 표현되지 않은 말을 마음에 새기는 것은 숫자를 숫자로 보지 않는 형이상학적 문과가 즐기는 굉장한 취미이지요

이렇게나 처음 만난 당신을 계속 처음처럼 만나고 싶어서 이렇게나 의미 없는 숫자에게도 이렇게나 기가 막히는 복선을 깔아주지요

꽁기꽁기

사실
그날 난 그대를 잘 몰랐습니다

어쩌다보니
빨개진 그대가 귀여웠습니다

별거 아니지만
그대에게 웃음 짓는 다른 사람이 조금 신경 쓰였습니다

사랑이 시작될 때

노래가
배경음악이 될 때

시가
떨리는 목소리가 될 때

꽃이
고민하는 빛깔이 될 때

강물이
흐르는 반짝임이 될 때

풍경이
보여주고픈 사진이 될 때

눈동자가
마주 본 흔들림이 될 때

약속한 만남

그대여
그 누가 우릴 보고
철이 없다 한들
무슨 상관입니까

그 누가 우릴 보고
혀를 찬다 한들
무슨 상관입니까

약속한 세상 속
약속된 만남은 아니더라도

그대와 내가
가장 작은 손가락으로 만들어낸
가장 큰 약속인 걸요

검색

그대가 너무나 사랑스러워
주체하지 못해 검색했습니다

그대가 귀여울 때
그대가 보고 싶을 때

다들 빨리 만나랍니다
조금만 참으랍니다

그대에게 이 마음을 전하기가 부끄러워
주체하지 못해 검색했습니다

그댈 빨리 만나는 법
그댈 빨리 보는 법

다들 빨리 꾸미랍니다
조금만 참으랍니다

검색해도 나오지 않는 정답
검색해도 알아주지 않는 내 맘

이런 날 그대는 알까요

신발자국

이렇게 저렇게
세상과 싸우기에도
지치는 날엔

그대가 남기고간
신발자국을 멍하니 봅니다
포근한 그대 가슴에 기대면
머리를 쓰다듬어주는 그대의 손길을 봅니다

그대가 머물던 햇살 가득한 의자에
따뜻한 눈빛으로 나를 보며 웃는
그대의 미소가 보입니다

아아
오늘도 세상으로 나간 그대의 신발자국에
지친 세상의 흙이 묻어 오겠지요

이렇게 저렇게
세상과 싸우기에도
지치는 날엔
그대의 자국 난 신발을 봅니다

자요

코—자요 이제
우리가 만났으니 이제
코—자요 그대

그대가 걷고 있는 꿈속에서
우리가 만났으니 이제
코—자요 그대

그대가 날고 있는 꿈속에서
우리가 만났으니 이제
코—자요 그대

그대가 잠들면
나는 다시 꿈속에서 새로
우리가 만났으니 이제
다시 꿈을 꿀 거예요

코—자요 그대
우리가 만났으니 이제
깨어나면 꿈인 걸요

꿈같은 그대
코—자요

위로

말 한마디에
그대의 상념과 고민과 힘듦이
느껴지기에
오늘도 위로를 건넵니다

날아가는 하이얀 나비가
파란 네잎 클로버를 등에 얹어
그대에게 살포시 건네주길 바랍니다

말 한마디에
그대의 보람과 기쁨과 행복이
느껴지기에
오늘도 위로를 건넵니다

스쳐가는 따뜻한 바람이
설렘을 품에 안고
그대에게 살포시 건네주길 바랍니다

나의 상념 고민 기쁨 행복이
그대에게 느껴질 수 있다는 것에
오늘도 위로를 건넵니다

나의 위로가
그대의 위로가 되고
그대의 위로가
나의 위로가 되길

산

폭신히 녹음 짙은 산처럼
우리의 사랑도 부드러워
영원히 푸근하게

하늘에 머문 흰 구름처럼
우리의 사랑도 둥둥 떠서
언제나 하이얗게

수많은 발길에도 우리 사는 동안
같은 곳에 매일 머물러
어디서나 눈길이 한데 모이게

맞닿아 서로 붉어지는 동안
떠오른 눈부신 햇살에
또 다시 발그레한 우리가 있게

눈

눈은 위에서 아래로 떨어지지 않아요
바람 따라 아래에서 위로
위에서 옆으로 옆에서 위로
그리고 내려앉아요

사랑은 위에서 아래로 떨어지지 않아요
구름 따라 아래에서 위로
위에서 옆으로 옆에서 위로
그리고 내려앉아요

구름에서 태어난 눈이
눈에서 태어난 사랑이
하늘 위 지름길을 알면 얼마나 쉬울까요

그래도
뭐, 몰라도 괜찮아요

지름길을 모르니 이리저리 그대를 감상하고
지름길을 모르니 이리저리 그대와 구경하고

바람 따라 아래에서 위로
구름 따라 위에서 옆으로
그리고 내려앉아요

꽃

꽃처럼 그대여 시들지 말아 달라는 게 아니에요
꽃처럼 그대여 발 없이 있어 달라는 게 아니에요
꽃처럼 그대여 아름답게 갇혀 달라는 게 아니에요

꽃처럼 그대여 항상 붉어 달라는 게 아니에요
꽃처럼 그대여 한철 붉을 거라는 게 아니에요
꽃처럼 그대여 한번 붉고 말 거란 게 아니에요

꽃만큼이나 너무 좋아서 웃음이 나 그래요
꽃보다 아름다운 나만의 그대여서 그래요

그대가 아니면

그대가 아니면
이 조잘대는 입을
누가 입술이라고
맞추어줄까요

그대가 아니면
이 촐랑대는 발짓을
누가 발걸음이라고
맞추어줄까요

그대가 아니면
이 어지러운 눈을
누가 눈빛이라고
맞추어줄까요

그대가 아니면
이 바보 같은 나를
누가 최고라고
위 아랫니 맞추어
웃어줄까요

진짜야

사실 제가 한 인기 합니다
눈 한번 어쩌다 맞춘 건데
손 한번 잡자며 덤비고

손 한번 어쩌다 스친 건데
입 한번 맞추자 난리입니다

그러니 제가 어찌 함부로
다른 사람과 눈 한번 맞추겠습니까

사실 제가 한 인기합니다
조금만 웃어주면
죽겠다고 살려 달라 덤비고

조금만 살려주면
이제는 살아 달라 난리입니다

그러니 제가 어찌 함부로
다른 사람에게 웃음 한번 지어주겠습니까

사실 제가 한 인기는 하는데

그대 걱정할 필요는 없습니다

지금 제가 눈 한번 맞추고 웃음 한번 짓는 사람은

그대입니다

살 on you

그대의 뱃살이 좋아요
외계인처럼
우주에서 놀다가 해저에서 놀다가
잠시 지치면 널따란 땅 같은
그대의 푹신한 뱃살로 돌아와
박힌 나무처럼 손을 얹어
쉴 수가 있어 좋아요

그대의 허벅지살이 좋아요
조물주처럼
하늘도 주무르고 바다도 주무르다가
잠시 지치면 잘 데운 핫바 같은
그대의 넉넉한 허벅지살로 돌아와
구르는 돌처럼 머리를 얹어
쉴 수가 있어 좋아요

그대의 볼살이 좋아요
의사처럼
입도 만지고 귀도 만지다가
잠시 지치면 잘 찌운 호빵 같은
그대의 통통한 볼살로 돌아와
막 핀 꽃처럼 입술을 얹어
쉴 수가 있어 좋아요

사랑이유 살 온 유

해요 많이

많이 해요 우리
눈물범벅이 되고
온몸 진저리 쳐도
많이 해요 우리

그대 눈물이 나이고
그대 진저리 나여도
많이 해요 우리

눈물이 강물이 되고
강물이 눈물이 될 때까지
그대의 눈물이 되고
그대의 강물이 될게요

반짝이는 눈 속
웃음 짓는 입 속
그 모든 몸 속
그대의 물 속
헤엄치는 즐거운 물고기가 될게요

많이 해요 우리

김서린

어릴 적
김 가득한 목욕탕에 들어가
따뜻한 온탕에 목까지 몸을 담그고
동생과 버티기 대결을 했지요

냉기 가득한 드넓은 냉탕에 들어가
열쇠를 던지고 잠수함이 되어
먼저 찾아내는 사람을 가렸지요
유효기간 지난 딸기 맛 요거트를
누가 먼저 발라줄지 정했지요

엄마 등을 반으로 나눠
이 세상 제일의 때밀이 고수가 되어
국수를 말고는 미지근한 물로 촥
남은 딸기 맛 요거트로 맨들맨들
마사지 서비스까지 마무리 했지요

바알갛게 뜬 얼굴로
시워언한 바깥바람에 실려 오는
붕어빵과 어묵국물의 유혹

나무젓가락에 옮겨 꽂은 어묵을 나란히
짭조름한 간장에 찍어먹으며 국물을 호록
엄마 손에 들린 붕어빵 한 봉지에
짧아졌던 집에 돌아가는 길

오늘
다시 찾아온 겨울에 그대를 기다리며
긴 꼬치에 어묵 하나 간장 찍어먹고
늦어서 미안하다며 달려오는 그대에게
김서린 어묵국물 한 컵 건네지요

내 입에 허니 버터

입 속의 말이
그대의 입이 되고
말 속의 입이
나의 말이 되네

나의 말이
그대의 말이오
그대의 말이
나의 말이기에

마음 속 말이
입이 되기를

오늘도 갈고닦은 혀로
달콤하게 꿀 발라 입으로
막 구워 노릇노릇한 버터마음을 건네네

그러자 그대는 혀 말고
나이프로 꿀 발라 집게로
막 구워 노릇노릇한 허니 버터 빵을 달라네

허니
몽둥이가 어디 있나요

대출

그 자리에
그대가 없으면 못사는 사람이
그대를 대신해 있었다면
그대는 그 자리에 가지 않은 걸까요

그 자리에
내가 없으면 못사는 사람이
날 대신해 있었다면
난 그 자리에 가지 않은 걸까요

아마
그래도
가지 않은 것이겠지요

그래도
그렇다고
가지 않았다고 단정 지을 수도 없겠지요

비오는 날

땅이 젖고 비릿한 흙냄새가 날 때면
우산 두 개가 있어도 비오는 날엔
우산 하나만 꼭 들고 집을 나섭니다
그대와 꼭 붙어 우산아래 숨어 웃는
그 축축한 길이 행복하기 때문입니다

차가운 비를 맞으며 걷고 싶을 때면
우산 하나가 있어도 비오는 날엔
우산 두 개를 꼭 들고 집을 나섭니다
그대가 우산을 들고 나에게 씌어주려다 젖는
그 축축한 어깨가 걱정되기 때문입니다

감기에 걸려 목이 따갑고 콧물이 날 때면
우산 두 개가 있어도 비오는 날엔
우산 하나도 꼭 들지 않고 집에 있습니다
그대와 꼭 붙어 있어도 아프지 않게 웃는
그 축축한 얼굴이 보고 싶기 때문입니다

줄

그대 힘들지요
맞춰놓은 알람소리에 벌떡
세상이 잡아당기는 줄에 매달려
일어나는 그대를 압니다

무거운 머리로 천근만근 몸을 이끌고
신발이 널브러진 현관에 매달려
부은 발을 구겨 넣는 그대를 압니다

누구보다 큰 어깨에 매일 커다란 가방을 걸고
누구보다 큰 손에 매일 커다란 신발을 들고
그대 어깨에 파인 자국이 생기고
그대 손에 검은 흙먼지가 묻어도

벌떡
세상이 잡아당기는 줄에 매달려
일어나는 그대를 압니다
신발이 널브러진 현관에 매달려
부은 발을 구겨 넣는 그대를 압니다

나는
그대가 힘든 걸 압니다
당겨 매달려도 끌려 다니지 않고
구겨 짓 넣어도 구겨지지 않는
그대를 나는 압니다

주인과 관리인

그대는 우리 집 관리인
그러니 잘 관리해주세요
오늘도 문을 두드립니다
똑똑

관리인이 아니라 주인인 걸 알지만
그대는 우리 집 관리인
그러니 잘 관리해주세요

오늘도 물을 줍니다
오늘도 쓰다듬어줍니다
오늘도 햇빛에 놓아 줍니다

관리인이 아니라 주인인 걸 알지만
그대는 우리 집 관리인
오늘도 문을 두드립니다
똑똑

잘 관리해주세요 우리 집

이유

그 사람을 사랑해야만 한대요

그 사람을 사랑해야 맞대요 (이치가)

그 사람을 사랑해야 좋대요 (결과가)

그 사람을 사랑해야 편하대요 (심신이)

그 사람을 사랑해야 편대요 (인생이)

그 사람을 사랑해야 곱대요 (죽음이)

그래요

그렇네요

아직 제가 살아 있다는 점만 빼면요

연소(燃燒)

마음이 다 타버릴까
발 딛고도 건너지 못하는
걱정꾼이 있습니다

한 발 디디면 두 마음 날아갈까
걸음을 떼고도 달리지 못하는
앉은뱅이가 있습니다

날개가 타버릴까 뛰어 내리지 못해
울며 주는 사랑만 받아먹는
다 커버린 새끼가 있습니다

한 번 날면 두 번 떨어질까
날갯짓을 하고도 떠나지 못하는
붙박이가 있습니다

이제는
마음껏 마음을 다 태워
태워도 태워도 빛나는 빨주노초파남보
어여쁜 열기구가 되어 두둥실
그대의 무지개로 날아가겠습니다

두 날

갇히다

균형을 이루려다

균열 속에 갇히다

거두다

머리 검은
짐승은 거둬지길 원하지 않았습니다
짐승은 폐를 지길 원하지 않았습니다

짐승은 어쩌다 그대를 만나 그대를 알게 되었습니다
짐승은 그대와 함께이길 바랐습니다
몸과 마음을 나란히 누이고 체온을 나누며
시린 바람을 견뎌낼 수 있기를 바랐습니다

어느 날
그대는 짐승에게 말하였습니다
그대가 짐승을 거두었노라고

짐승은 어쩌다 그대를 만나 그대를 알게 되었습니다
짐승은 그대와 함께이길 바랐습니다
지금껏 자신이 머리가 흰 그대의 폐였음에 깜짝 놀라
짐승은 그만 달아나고 말았습니다

내시

왕에게 모든 걸 바친 내시처럼
세상만사를 두루 익히고 배워
몸을 바로 세우고 마음을 정갈히 하여
그대를 극진히 모시고 싶었지만

하나를 얻으면
하나를 잃는 법입니다 전하

과거의 벽

마주한 벽이
함께 있을 때에
너무나 높아 보여

더욱더
혼자 해내려 한 것일 수도

맘드리새키

큰 인형 안에
그보다 작은 인형이,
그보다 더 작은 인형이,
그보다 또 더 작은 인형이
러시아 마트료시카

"당신처럼 살지 않을 거야" 하며
똑같은 모습으로 더 작아지고
"당신처럼 되지 않을 거야" 하며
똑같은 모습으로 더 벗겨지고
러시아 마트료시카

끝이 없는 속 까기
같은 모습을 한
모순의 굴레

작은 인형 밖에
그보다 큰 인형이,
그보다 더 큰 인형이,
그보다 또 더 큰 인형이
러시아 마트료시카

"당신처럼 살 거야" 하며
똑 닮은 모습으로 더 커지고
"당신처럼 될 거야" 하며
똑 닮은 모습으로 더 입혀지고
러시아 마트료시카

끝이 없는 덧칠하기
닮은 모습을 한
사랑의 굴레

의무

사실은 그대가 필요해서
나에게 그렇게 말했습니다

사실은 그대가 필요해서
나에게 그렇게 행동했습니다

그때 그 순간 그게
그대에겐 필요했었는데요

그게 그 순간 그때
그대에겐 없었거든요

그래서 그 때의 그게 그 순간을
지나는 나에게 필요할 것 같아서

그 때의 그 순간에 그걸
주기 위해 그대가 이렇게나 노력했답니다

그러니 나는
그대에게 고마워해야 해요

그런데 나는
별로 고마워하지를 않는군요

큰 그릇

그릇이 작은 것을
큰 것이라 여기오,

그릇이 큰 것을
작은 것이라 여기오,

큰 그릇이 작아질 때까지
작은 그릇이 더 작아질 때까지

보다 작은 그릇에 쑤셔 넣고
얼마간 재어보다가
말하오,

이제야
네가 커졌구나

처음부터

처음부터
모순으로 탄생한 존재가
모순적이지 않길 바라는
우리들의 끝없는 욕망

참을 만한 고통

그대가 내게 준 참을 만한 고통은
참을 만하기에 오히려 즐거움을 주네요
고통이 가실 때까지 전념하여 치료하는 동안
그대가 내게 준 참을 만한 고통은 나의 일이니까요

그렇게 불편하지도 않지만
잊을 만하면 다시 고통스러운
그대가 내게 준 참을 만한 고통은
오히려 자꾸 찾게 되어 중독이 되네요

그대가 내게 준 참을 만한 고통은
참을 만한 보람이 있기에 오히려 즐거움을 주네요
고통이 가실 때까지 전념하여 치료하는 동안
그대가 내게 준 참을 만한 고통은 인정받는 일이니까요

그렇게 불편하지도 않지만
스치기만 하면 다시 고통스러운
그대가 내게 준 참을 만한 고통은
오히려 문신보다도 더 깊숙이 들어와 날을 세워
자꾸만 아파도 찾게 되네요

그대가 내게 준 참을 만한 고통은

위험하네요 이제 그 고통을 치료하는 것만이

나의 일이 되어 버렸네요

조소

아픈 사랑의 슬픔에
나를 조소한다
고독에 가득 싸여 쓸쓸함에
나를 조소한다
슬픔도 쓸쓸함도
나의 조소가 되는
나르시스적 회오리에 휩싸여
미친 사람처럼
나를 조소한다

감정이 사치가 되고
슬픔은 연대가 된다
쓸쓸함은 반지가 되어
나의 손을 빛내준다
나를 조소한다

다시 세공하여 맞춘 반지를 끼고
사치스러운 술잔을 기울이며
보란 듯이 나를 조소한다
동정 받을 만한 나를 조소하고
사치스런 나를 조소한다

화

쏟고 나서야
느껴지는 미안함에
입은 없다

갈 곳 없는 눈동자와
굽어 길 잃은 등이
있을 뿐이다

돌아오는 미안함과
후회 섞인 위로는
유일한 입

돌아오지 않는 마음과
체념 섞인 포기는
닫힌 귀

불만족

사방이 하얀 네모난 방에서
청소를 한다
하얀 침대 하얀 화분
하얀 스탠드 하얀 이불
하얀 책상 하얀 옷장
하얀 샴푸 하얀 비누가 있는
하얀 네모난 방에서
청소를 한다

하얀 바닥을 더 하얗게
하얀 이불을 더 하얗게
하얀 책상을 더 하얗게
하얀 비누를 더 하얗게
하얀 네모난 방에서
더 하얀 청소를 한다

오지 않는 발길에
하얀 침대에 걸쳐 앉아
파란 바다를 보러 간 발에
전화를 한다
하얀 목소리가
파란 바다를 싣고
말을 한다

너에게 없는 것이 이 사람에겐 있어

사방이 하얀 네모난 방에서
청소를 한다
하얀 손
하얀 얼굴
하얀 마음
하얬던 그 모든 것들

축제

나의 축복은
그대의 불행
나의 불행은
그대의 축복

나의 축복은
그대를 부정하고
나의 불행은
그대를 존재케 하는 구나

나의 축복이
언제나
그대의 축복이 되기를
바랬건만

이젠 안다
나의 무엇이든
그대는 불행하다는 것을

그대의 존재만으로
행복했던 나의 축제는
이제 열리지 않는다

겨울 바다

침묵
바람
두 개의 발자국

침묵의 바다는 말이 없다
마주 부는 바람은 말이 없다
두 개의 발자국은 입을 닫는다

제염(製鹽)

나는 짠 줄도 모르고 매일 소금을
물기 어린 손가락에 가득 찍어
몇 번이나 잔뜩 핥아먹었고

소금은 항상 부족했다

해수의 3퍼센트인 소금처럼
나에게도 3퍼센트 가량의 소금이
필요한가 싶다가도 매일 부족한
소금을 발라먹기 바빴다

그러다 해수는 모두 증발해버린다

건조한 어느 곳 저수지에
해수가 든다
그리고 조금씩 증발지로
나아가 농축 된다
조절지와 결정지를 거쳐
해수는 소금이 된다

나는 짠 줄도 모르고 남은 소금을
바닥 박박 긁어 손바닥에 가득 들고
몇 날이나 헥헥 핥아먹었고

소금은 항상 부족했다

나는 흐리멍덩한 눈으로 다른 소금을 기대하면서
떨리는 손가락을 바닥에 쑤셔 넣었다 소믈리에 마냥
입으로 가져가 혓바닥에 올리고는 눈을 감는다

발치

늦은 사랑니가
마지막 발악을 하듯
은근한 고통을 주더니
막상 나올 때는 조용하다

나오기 직전
마취 주사를 놓을 때
가장 고통이 큰 것처럼

마음도
떠나보내기 직전에
가장 아프다

막상 떠난 마음은
소리 소문 없이
그 자리를 나와
빈 곳만을 남긴다

공기

아무 의미 없이 느낌 없는 생각 없이
흔해빠져 떠도는 공기 같은 저랍니다

마음이 얼어 입김조차 차가워진
회색 땅을 거니는 저이지요

어디에나 흔하여 더욱 슬퍼지는 세상에
곧 어디로나 사라져도 상관없을 것 같은 저랍니다

사는 게 뭔지 사랑이 뭔지
잘 모르겠지만 매일을 지쳐가는 저이지요

몸서리치듯 진동하여 구르는 홀로서기에
마음껏 살고 사랑하고픈 맨발의 눈사람 저랍니다

어디에나 흔하여 더욱 슬퍼지는 세상에
혹여 어디서라도 나타날까 떠나지도 못하는 저이지요

뜨거운 난로에게 녹아 새로이 태어나길 바라는
흔해빠져 떠도는 공기 같은 저랍니다

대단한 사랑

안에 맺혀 뭉쳐버린 타래
그 누구도 풀어주지 않네요

터지는 울음과 절규는
길 잃은 원망이 되고 억울함이 되고
어떻게든 풀어달라는 아우성은
허공에 메아리로 혼잣말이 되고

언젠가 작은 손짓 하나 눈빛 하나 말 한마디였던
타래는 이제 대단한 사랑이 되어버렸네요

고양이가 장난삼아 굴리다 풀어버리는
단단한 실타래처럼 언젠간 그저
장난 같은 손짓이었는데

이젠 대단한 사랑이 되어버렸네요

예술적인 사랑

단순한 마음과 아무 생각 없는 느낌의 근원지를 찾아 헤매는 방랑자 떠돌이처럼 위대한 예술가는 자신을 해치는 칼을 들고 수렁이 가득한 밀림 속을 뒤진다 그러다 보면 시야를 잃고 냄새를 잃어 어디가 어딘지 모르게 되고 작품은 한없이 복잡해져서 그를 보는 이들은 위대한 걸작이라며 감탄을 금치 못하지만 정작 예술가는 절망을 더해간다 단순했던 마음과 아무 생각 없는 느낌은 복잡하게 꼬이고 무언가 더 어두워졌지만 그래서 그것은 무언가 더 있어 보인다 위대한 예술가는 자신을 내려치는 망치를 들고 벌레가 가득한 나무 위를 탄다 그러다 보면 손을 잃고 발을 잃어 왔던 곳을 모르게 되고 작품은 한없이 공중에 떠있어서 그를 보는 이들은 위대한 걸작이라며 감탄을 금치 못하지만 정작 예술가는 고뇌를 금치 못한다 예술가는 생각한다 단순하게 아무 생각 없이 살걸 그랬어

그렇게 예술가는 생각한다

보이지 않는 사랑

가난한 마음이라
더 가난해져야만 한다면
사랑은 쟁취입니다

부유한 마음이라
더 부유해져야만 한다면
사랑은 지표입니다

이왕이면 다홍치마라
더 화려해져야만 한다면
사랑은 자랑거리입니다

가난해도
사랑받을 수 있고
사랑 줄 수 있어서

사랑은 보이지 않는 것입니다

작명

사랑이라는 이름을 누군가
힘들다
발라 붙여 놓자마자
그 사랑은
힘든
사랑이 되었습니다

너무 힘든 사랑은
사랑이었음을
그저
사랑이었던 적이
있었음을

지나고 나서
그 사랑은
사랑이 아닐지라도

언젠간
그저
사랑이었던 적이
있었음을

미(美)소

두고두고 보고 씹고 의미를 되새겨 네 개의 위로 소화시킨 후 또다시 밭 갈러 가는 소처럼 두 눈을 바짝 뜨고 껌을 씹듯 되새김질하여 씹고 넘기고 또 뱉어 봐도 모르겠다 아무런 이유 없이 떨어진 풀떼기를 집어 삼키며 골목대장이라도 되는 듯 짝 다리를 하고 째려보아도 부르르 떨고 있는 불쌍한 영혼이 남을 뿐 그래도 모르겠다 가장 단순하고 가장 쉬운 건 사람의 열 가지를 거쳐 언제나 가장 복잡하고 가장 어려운 게 되어 현학적이고 철학적이며 지혜롭고 신비로운 큰 의미를 가진 알 수 없는 게 되고 그 다음엔 신속히 나름의 세계를 구축한다 생략과 함축은 애매모호해서 모든 걸 품을 수 있고 모든 걸 이야기할 수 있지만 또 어느 것도 이야기할 수 없다 어느 때 그저 풀을 쫙쫙 씹으며 아름다울 미 한자 하나 모르는 지나가는 소가 콧방귀 끼며 더 많은 걸 이야기하는 것처럼 개안하였다는 자가 더 어리석고 어리숙하다는 건 되새김질하는 소가 산책을 하며 밭을 갈고 있다는 말처럼 있을 법하지 않지만 분명 즐거운 일이다

유학

낯선 땅에 있는 낯선 집에 있는 낯선 방에 몸을 누이고
낯선 사람 되는 낯선 물건 되는 낯선 방에 눈을 감고서
낯선 향기 낯선 잠자리 낯선 꿈 낯선 새벽 낯선 아침을
서늘한 주위와 닭살 돋는 풍경을 도드라지게 문지르면서
그 낯선 향기와 그 낯선 공기를 입김 불어가며 데워본다

낯선 방을 나와 낯선 집을 나와 낯선 땅을 둥둥 헤매고
낯선 방을 보는 낯선 물건 보는 낯선 사람 보는 길 되어
뜨거운 피부에 차가운 서리가 낄 때까지 코 문지르면서
낯선 향기 낯선 잠자리 낯선 꿈 낯선 새벽 낯선 아침을
맞아보려고 그 서늘한 풍경을 입김 불어가며 문질러본다

더 이상

애쓰지 않고
증명하지 않고
그저 존재하고 싶다

일희일비

천년 묵은 고목나무처럼
한 번의 관심에 기뻐말고
한 번의 무관심에 슬퍼말아요

주위를 스쳐가는
땡볕에 그을린 모든 것에
조용히 따뜻한 그늘을 드리워요

그대를 청소하는 마음

눈물로 젖고 남은
축축한 휴지로
선반을 닦습니다

대청소를 하기 싫어
매일 조금씩 위를
스치듯 닦습니다

마음을 먹고 하지 않고
습관처럼 조금씩
먼지를 닦습니다

이런 제 습관은 그리 나쁘지 않습니다
폭풍처럼 몰아서 한 번에
대청소를 떠맡지 않아도 되고
매일 조금씩 깨끗한 집에서 살아갑니다

마음먹고 물론
대청소를 하기도 합니다
조금씩 청소한 것과 똑같이
내일이면 또
어지러워지겠지만 말입니다

세
날

하늘처럼

그대

슬플 땐 빗물처럼 슬퍼하도록 해요

아플 땐 천둥처럼 소리 내도록 해요

지칠 땐 서리처럼 앉아 있도록 해요

기쁠 땐 꽃처럼 웃음 피우도록 해요

하늘처럼

그렇게 그대

지나려고 해요

아픈 조약돌

살살 달래주세요
요리조리 굴러보며
반짝이게 닳아가는
조약돌을 보아주세요

살짝 쥐어주세요
손안에서 구르며
개구지게 날아다니는
조약돌을 보아주세요

크게 팔을 휘둘러 던져도
크게 발을 세차게 굴려도
닳아가겠지만

살살 달래주세요
요리조리 구르며
개구지게 닳아가는
조약돌을 보아주세요

조약돌이 달아나지 않게

당신의 손이 아프지 않게

쥐어주세요 살짝

긴 서사

그대를 사랑한다 말하기까지의 서사를 서두르고 싶지 않습니다
봄날의 스치는 바람을 느끼듯 봄꽃의 따뜻한 향내를 맡듯 음미하고 싶습니다
싱그러운 햇살 속 그대의 웃음을 느끼듯 풀내 나는 그대의 귀 아래 옆 목을 맡듯
그대를 사랑한다 안아주기까지의 서사를 서두르고 싶지 않습니다
가을날 넓고도 파란 하늘을 보듯 버들향의 까슬한 잎을 만지듯 음미하고 싶습니다
아려오는 가지 속 그대의 떨림을 보듯 김이 서린 그대의 배 아래 허벅지를 만지듯
그대를 사랑한다 입 맞추기까지의 서사를 서두르고 싶지 않습니다

너

온종일 비 내리는 시커먼 하늘같은 마음을 밝게 돌리려 발악하는 나에겐 너는 기다란 탯줄을 가진 생명이다

애를 써도 나타나는 비구름은 나의 숙명이라 매일을 애써야 하지만 너의 탯줄이 전해주는 빛은 나를 살리고 나를 괴롭게 한다

미치지 않고서야 잊을 수 없지만 그렇다고 미치고 싶진 않아서 나는 오늘도 너의 뱃속이 모든 세상인 마냥 헤엄치며 세상에 나올 일을 오래오래 미루고만 있다

먹이-밥

아무리 안달 나 달려드는 그를 보아도
나에게는 그것은 먹이였습니다
아무리 맛있게 씹어대는 그를 보아도
나에게는 그것은 먹이였습니다
아무리 신경 써 냄새 좋은 그것을 보아도
나에게는 그것은 그였습니다
아무리 정성들여 몸에 좋은 그것을 보아도
나에게는 그것은 그였습니다

그것이 밥이 되고
그가 그대가 된 때는

야무지게 한 술 떠서 입에 넣고는
오물오물 조용히 입을 움직이던
그대가
그걸 지켜보는 나에게 눈을 동그랗게 뜨고는
밥 한 술 얼른 입에 넣어주고 웃던
때였습니다

나는 그대가 오기 전

맛있는 먹이만 알고 정성들인 그만 알았습니다

희망

어쩌면
괜찮을지도 모릅니다
이번엔 정말 괜찮을지도 모릅니다

먹는 마음

도무지 마음먹은 게 없습니다
그대 손 하나 잡은 걸 빼고는

마음을 먹지 않았는데 하루가
마음먹은 일처럼 잘 되었고
마음을 먹었는데 하루가
마음먹지 않은 일처럼 잘 되지 않았습니다

눈앞에 그대 손 하나 잡은 마음 빼고는
도무지 마음먹은 게 없습니다

하루를 먹듯 그대를 마음으로 보내다보니
마음 없이 눈앞에 일을 잡은 것처럼
하루가 지나가고 마음이 많아졌습니다

그저 그렇게 하루를 먹다보니
마음먹지 않았는데 그대가
마음먹은 일처럼 있다가 많아졌습니다

바스락

바스락

소리만 나도

맛있는 간식인 줄 알고

달려드는 새끼 강아지처럼

그대가 들어오는 작은 바스락

소리만 나도

그대인 줄 알고

모른 척하지만 오매불망

그대가 오기를 기다렸습니다

일상

일상은 평범하지 않습니다

그 소중함을 아는 사람은
일상의 특별함을 느껴본 사람입니다

평범하지 않기에
일상이라는 품 안에 넣고
평범하다 말하는 것입니다

유치할수록

드럼 치는 저에게
밴드에서 곡 하나 만들자 해서
스틱 대신 연필을 들었답니다
가사를 써 달래서요

머리가 공갈빵입니다
겨우 떠오른 가사는 유치해서
닭살이 돋고 발가락이 오므라듭니다

그때 스틱 선배님이 말했습니다
노래 가사는 원래
유치할수록 좋은 거야

그렇네요
내 가사가 유치해서
이리 받아들인들 저리 받아들인들
즐거우면 그만인 것을
너무 심각할 필요가 없었네요

충분해

가지지 않은 것을 인정하고
이미 가지고 있는 것을 인정하고 나서야
눈을 떴습니다

하찮았던 모든 그대의 모습들이
귀찮았던 모든 그대의 잔상들이

이미 가지고 있던 것을 부정하고
가지지 않은 것을 동경한 나의 어리석은 눈이
감겨 보지 않고 보았다고 우겼었던
아집이었음을

눈을 떴습니다
이미 가지고 있는 것만으로도 충분하다는 것을
그때의 모든 기억의 회오리 속
그대에게 용서를 빌고 싶다는 것을

거울

그대를 보려고
들여다볼수록 내가 보입니다

어두운 터널이 지나고
아직도 어두운 내가 보입니다

그대라는 강한 빛에 눈이 먼
나의 어둠이 없어집니다
모든 어둠이 물러납니다

그런데 그것이 아니었습니다
나의 어둠이 빛나고 있습니다

그대의 빛이 내 어둠을
살로 덮어 감싸주었기에
나의 어둠이 빛나는 것이었습니다

인류의 본성

그대는
아무리 애를 써도
바꿀 수 없는 인류의 본성과도 같은
나의 숙명입니다

어딜 가든 돌아오고
어딜 오든 돌아가게 되어있는
내 마음 속 심어진 인류의 본성
그대입니다

아무리 거스르려 해도
거부할 수 없는 본성이기에
자꾸만 그대 품에 돌아와 알을 까는
나의 숙명입니다

반대로 도망쳐도 똑바로 다가오고
거꾸로 매달려도 곧게 서야만 하는
태어날 때부터 타고난 인류의 본성

그대를 떠나면
나는 갈기를 뽑힌
길들여진 사자가 됩니다

그대 곁에 있어야
나는 자유로운 알몸의
행복한 인류가 됩니다

내가 부끄럽지 않고
당당할 수 있는 건
그대라는 인류의 본성을
거스르지 않았기 때문입니다

괜찮은 걱정

저는요
걱정이 많은 사람입니다

휴우-
누구 하나 제 마음 챙겨주는 사람이 없었답니다
누구 한명 제 마음 믿고 기댈 사람이 없었답니다

그래서 저는요
걱정이 많이 됩니다

그대 없이 못 사는 사람이 될까봐
아주 많이 걱정이 됩니다
그대밖에 모르는 사람이 될까봐
매우 많이 걱정이 됩니다
그대가 이런 절 알면 도망갈까봐
정말 많이 걱정이 됩니다

나쁜 마음은 제가 잘 추스르고
좋은 마음은 남에게 잘 보여주고
나쁜 얼굴은 제가 잘 추스르고
좋은 얼굴은 남에게 잘 보여주고

휴우—

그대하나 제 마음 챙겨주는 사람이라서
그대한명 제 마음 믿고 기대는 사람이라서

그래서 저는요
걱정이 많이 됩니다

그대 없이 못 사는 사람이 돼버리고
그대밖에 모르는 사람이 돼버리고
그대가 이런 절 알게 돼버리고
정말 아주 매우 많이 걱정이 됩니다

그대 앞에선 나쁜 마음도 좋은 마음도
괜찮은 마음이 되고
언젠가부터 나쁜 얼굴도 좋은 얼굴도
괜찮은 얼굴이 되어서

그래서 저는요
걱정을 합니다
괜찮은 걱정을 합니다

담쟁이덩굴

온전히 그대는 그대의 것이길
온전히 나는 나의 것이길
바랍니다

그대가 그대의 것이고
내가 나의 것이길 바라는 건
가만히 머무르지 않기 위해서죠

그대의 손이 그대의 것이라서
나의 손이 나의 것이라서
뻗어 안아줄 수 있기를
가만히 머무르지 않기를

그대가 나의 것이 되고
내가 그대의 것이 되었을 때엔
가만히 머무르고만 싶기를

숨소리

나의 품에 안겨 그대가 새근새근 잠이 들면
나는 위아래로 내뱉는 그대 영혼의 숨소리가
동글동글한 것을 봅니다 동글동글해서 날 깨우고
나의 품에 안겨 그대가 잠이 드나봅니다

들숨 날숨에 섞인 꿈 소리가 나의 품에서 울리면
나는 위아래로 내뱉는 그대 영혼의 신음소리가
불긋불긋한 것을 봅니다 불긋불긋해서 날 깨우고
나의 품에 안겨 그대가 잠이 드나봅니다

동글동글한 그대의 숨과 붉어진 그대의 신음을
그저 지켜보면서 나의 품도 불긋해지고 동그래집니다
나의 품에 안겨 잠든 그대를 지켜보다가
나는 그대 영혼의 숨소리에 함께 잠이 듭니다

새치

희어도 괜찮습니다
늙어도 괜찮습니다
아파도 괜찮습니다

그대 아직 내게 있다면
나는 그대 곁에 있겠습니다

티끌

티끌 없이 하얗고 얼룩 없이 뽀얀 피부는
빛나긴 하지만 귀엽진 않습니다

나는 그대 눈 위에 가슴 위에 등 위에 있는
어둡긴 하지만 귀여운 점이 사랑스럽습니다

모든 세상이 암흑 속에 보이지 않을 때에도
나는 그대 몸 위에 있는 어둡긴 하지만
귀여운 점을 만져보고 그대인 줄을 알 수 있습니다

굳이 말하지 않아도

모든
미사여구가
다
거추장스럽네요

굳이
말하지 않아도
이미
그대입니다

바보

그대는 참 바보 같습니다
이 세상이 얼마나 무서운 줄 모르고
해맑은 그대를 보면

이 세상에 얼마나 무서운 사람이 많은 줄 모르고
해맑은 그대를 보면
그대는 참 바보 같습니다

바보 같아

바보 같은 그대라서
내가 비집고 들어갔습니다
그대는 정말 바보입니다

내가 비집고 들어가도
해맑은 그대를 보면
그대는 참 바보 같습니다

더 바보같게도

나는

그대가 계속 바보 같으면 좋겠습니다

축 늘어진

목에 힘없이 살짝 걸쳐
축 늘어진 그대의 머리카락
나는 왜 이렇게 좋을까요

마냥 부드럽고 부드러워 계속 만지고 싶고
땀에 젖고 젖어 자꾸 넘겨주고 싶어
축 늘어진 그대의 머리카락이
나는 너무 좋습니다

구르는 먼지와 구겨진 이불과
한 몸이 되어버린
그대가 벗어놓고 간
축 늘어진 그대의 머리카락

나는 또 그대가 좋습니다

1분, 1분마다

아침에 눈을 떠 잠들기까지
그대를 생각하는 시간은
내 모든 손길에 있습니다
나의 머릿속 그대의 모습은
아주 당연한 일이라
그대를 생각하는 시간은
내 모든 발걸음에 있습니다

1분, 1분마다

나는 홀린 사람처럼
그대를 생각하는 시간을
내 모든 손길에 담습니다
나의 가슴속 그대의 체온은
아주 당연한 일이라
나는 홀린 사람처럼
그대를 생각하는 시간을
내 모든 발걸음에 담습니다

실례합니다

실례가 되는 것 같아
무언가 먹고 있는 사람을
잘 보지 않습니다
혹여나 눈이라도 마주치면
너무나 민망하니 말입니다

실례를 범하고도
무언가 먹고 있는 그대를
자꾸 보게 됩니다
혹여나 눈이라도 마주치면
너무나 부끄럽지만 말입니다

획 획
눈을 피해가며 오물오물
야무지게 다물고 밥을 씹는 그대를
자꾸만 훔쳐보고 있습니다
혹여나 눈이라도 마주치면
괜히 한번 웃음 짓고 밥을 먹다가
오물오물한 그 입을 봅니다

실례가 많습니다

왜 자꾸 보게 되는지 모르겠지만

지금까지 본 오물오물 중에

제일 우아하고 깔끔하고

뭐 아무튼 그렇습니다

롱다리

다리가 긴 너는 나에게는
짤뚱해 보여 마냥 귀엽고
다리가 짧은 너는 나에겐
수려해 보여 마냥 시원타

길든 짧든 너는 나에겐
짤뚱하고 수려해 보여 마냥 좋다
많든 적든 너는 나에게는
충분해서 마냥 귀엽고 시원타

그러니 너는
다리가 길어도 좋고 짧아도 좋다
마냥 많게 살고 적게 아파서
나에게 오래오래 있어라

고백

적당히 하지 말고 말해요
해야만 하는 그 모든 말을 해요
나중에 다시 생각할 수 있도록 지금 어색해도
해야만 하는 그 모든 말을 해요
나중에 후회하지 않도록 지금 어색해도
적당히 하지 말고 말해요

세월을 돌고 돌아 겨우
다시 돌아올지도 돌아오지 않을지도

해야만 하는 그 모든 말을 해요
적당히 하지 말고 말해요
나중에 다시 만나도 웃을 수 있도록 지금 겁이 나도
적당히 하지 말고 말해요
나중에 겁이 나지 않도록 지금 겁이 나도
해야만 하는 그 모든 말을 해요

서로를 돌고 돌아 겨우
다시 돌아올지도 돌아오지 않을지도

아무것도 몰라서 너무 겁이 나도
해야만 하는 그 모든 말을 해요
때로는 더 적당하지 않은 일이에요
적당히 말하지 않고 어색해 하는 것이

같으려면

모두 같다 생각하면
달라지고

모두 다르다 생각하면
같아지는 걸요

7
6
5
4
3
2
1

연필과 지우개

사랑이라 쓰고 사랑이라 읽는 것이 싫었던 날
　　　　　　　　　　　　　　　우스웠던 날
　　　　　　　　　　　　　　　슬펐던 날
　　　　　　　　　　　　　　　화났던 날

사랑이 힘들었던 날이 나라는 산을 깎고
　　　아팠던 날이　　　　　　돌을 깎고
　　　미웠던 날이　　　　　　나무를 깎아

이제 그대 손에
사랑이라 쓰는 손가락 연필이 되었네요
어느새 그대 손이
사랑이라 읽는 손바닥 책이 되었네요

낮잠

오래오래 비가 오지 않던 날을 지나
추적추적 아침부터 비가 내리는
봄의 주말이 다가왔습니다

굳게 닫아 놓았던 창문을 열자
기다렸다는 듯이 반겨 들어오는
이른 봄의 시원한 비냄새
꾸벅 맡으며 잠이 듭니다

빗소리는 자장가 되고
담요는 포옹이 되고
꾸벅 졸다 잠이 드는 달콤한
봄비가 오는 날을 기다렸습니다

비가 오지 않을 것만 같던 날을 지나
어느새 다가온 봄이 내리는 주말에
꾸벅 끄덕이며 잠이 듭니다

안녕

안녕 그대

안녕 반가워요

특별한 준비는 없지만

그대 안녕

안녕 고마워요